EL APRENDIZ DE POETA

ExLibric

ASENSIO LIARTE

EL APRENDIZ DE POETA

EXLIBRIC
ANTEQUERA 2024

EL APRENDIZ DE POETA
© Asensio Liarte
Diseño de portada: Dpto. de Diseño Gráfico Exlibric

Iª edición

© ExLibric, 2024.

Editado por: ExLibric
c/ Cueva de Viera, 2, Local 3
Centro Negocios CADI
29200 Antequera (Málaga)
Teléfono: 952 70 60 04
Fax: 952 84 55 03
Correo electrónico: exlibric@exlibric.com
Internet: www.exlibric.com

ISBN: 979-13-87528-45-4
Depósito Legal: MA 2960-2024

Impresión: PODiPrint
Impreso en Andalucía – España

Nota de la editorial: ExLibric pertenece a Innovación y Cualificación S. L.

ASENSIO LIARTE

EL APRENDIZ DE POETA

I. PERSONAJES

ADIÓS, BUEN AMIGO

Nos dejó mi buen amigo
desde muchos años ha,
y a Dios pongo por testigo
que nuestra gran amistá
queda del tiempo al abrigo.

Hombre cabal y sincero,
madrileño de nascencia,
en su oficio fue el primero,
pues con inmensa paciencia
siempre apoyó al compañero.

A los suyos siempre amó,
que a nadie le quepa duda,
siempre por ellos luchó,
pues sin precisar de ayuda
su cerviz nunca agachó.

Ahora descansa en su puesto,
esperando que vayamos
tal vez en año bisiesto,
cuando nuestra voz callemos
y abandonemos el puesto.

Espéranos, viejo amigo,
en ordenado tropel,
ya marcharemos contigo;
querido amigo Miguel,
nuestra amistad aquí bendigo.

AGOSTINO

Lo llamaron Agostino,
porque en agosto nació;
su cabeza era un pepino,
su madre así lo parió.

Agostino no tenía
ni dineros ni fortuna,
pero siempre presumía
de ser primo de la luna.

Era persona normal,
mas no muy inteligente,
pero sí fiel y cabal
en su trato con la gente.

Un día en que solo estaba
se le acercó una muchacha,
y mientras con él hablaba,
constató que era gabacha.

Le dijo que si quería,
la podía acompañar,
y al cielo lo llevaría
donde su suerte acuñar.

Y sin pensarlo dos veces,
con la gabacha se fue,
y allí se encontró con creces
el botón de su corsé.

AIRADO

Hay un político apuesto
que siempre luce enojado;
él quiere quitarle el puesto
al que aquí está aposentado.

De todos modos lo intenta,
hasta miente con descaro,
mas no le sale la cuenta
hasta venderse muy caro.

El tipo es bastante listo,
tal vez hasta inteligente,
porque fue visto y no visto,
aunque suene incongruente.

Cuatro meses y acabó
la carrera de Derecho,
y un máster se merendó,
¡vaya extraordinario hecho!

Él tiene la solución
para hacer de su país
un perfecto campeón
con su gran materia gris.

ALFONSO, EL LEVANTINO

Para Alfonso, el Levantino,
que tanto del trovo sabe,
el que transita el camino
que lo lleva hasta la nave
que pilota un buen marino.

Fue cantaor de troveros,
de los mejores que había,
los artistas verdaderos
que entonaban su porfía
a la luz de los luceros.

Me agradaría conocerlo
para admirar sus saberes
y en persona poder verlo
en largos anocheceres
y en veladas defenderlo.

Es una pena que el trovo
vaya a menos cada día;
yo solicito que ex novo
tenga la vieja energía
que hoy ostenta el bravo lobo.

Quizá pueda el Levantino
algo por el trovo hacer,
pidiendo al benedictino
que haga al trovo renacer
cambiando su destino.

AMOR EXTINTO

Si te miro, no te veo,
ni tan siquiera te intuyo,
y es que yo siempre alardeo
de no querer nada tuyo.

Hace tiempo que no bebo
de aquella agua de tu fuente,
porque sé que yo no debo
acercarme a su corriente.

Y si algún día pensara
en tus entornos volar,
mis razones no olvidara
para tu sombra esquivar.

Descuida, yo estoy tranquilo,
pues por completo olvidé
los dramas del gran Esquilo
que oprimían mi corsé.

Y si de mí te acordaras,
hace tiempo que partí
para evitar que pecaras
con tu incierto frenesí.

Recuerda que no te veo,
aunque sé que tú lo intentas;
yo ignoro tu pavoneo
por tus pasadas afrentas.

ASÍ PIENSO

Tengo el alma de poeta
y el corazón de payaso,
siempre llevo en la maleta
unas alas de Pegaso.

Yo creo que vuelo hasta el cielo
cuando miro a las estrellas,
voy persiguiendo el señuelo
que me muestran las centellas.

En el espacio infinito
donde moran nuestros dioses,
me dice el más jovencito
que no desoiga sus voces.

«No seas simple, no seas lerdo,
pues ser poeta es divino;
pon a un grande en tu recuerdo,
él te allanará el camino».

CLAROSCURO

La luz y la oscuridad,
que son de suyo antagónicas,
sus sombras y luz les dan
a las verdes bariónicas.

Son el odio y el amor
conceptos tan diferentes
como el placer y el dolor
que sienten los penitentes.

Nunca la raya cruzar,
la que conduce al averno,
ni ponerse en el lugar
que siempre lleva al infierno.

Huyamos de la maldad
que ronda nuestras cabezas,
usemos la libertad
en pos de rojas cerezas.

CONSEJO

Hoy te quisiera ayudar
con un modesto consejo
para que aprendas a andar
en un mundo tan complejo.

Esto debes recordar:
quien elige delinquir
tiene menos porvenir
que un torero en Gibraltar.

Así que ayuda a tu suerte
para que elija el camino
y hasta que llegue la muerte
tenga claro su destino.

Y si sigues mi consejo,
yo te auguro más ventura
que la del pez abadejo
en gaditana fritura.

CONSTANCIA

Cuánto pudiera yo dar
porque el hambre no existiera
y la guerra desterrar
para que el hombre volviera
a la violencia enterrar.

Quizá me estoy excediendo
pidiendo un gran imposible
y lo que estoy consiguiendo
es ver lo que no es factible
sin saber qué estoy haciendo.

Mas mira lo que sucede
cuando de pedir se trata:
si alcanzarlo no se puede,
la ilusión se desbarata,
pues la buena fe transgrede.

Pero ¿sabes lo que haré?
Yo seguiré insistiendo
y nunca cejaré;
aunque mi cielo esté ardiendo,
siempre, siempre insistiré.

No cederé al desaliento,
aunque yo nada consiga.
Seré cual duro cemento
y diga el mundo lo que diga
yo lucharé contra el viento.

CUANDO TE VI

Cuando te vi de venir,
te conocí las ventajas:
tú serás buen albañil,
pero a mí no me trabajas
regándome el perejil.

Dices que tienes bastante
para un aljibe llenar,
y que te sobra talante
para al mundo cambiar
en este preciso instante.

Ya será menos, fantoche.
No me creo tus verdades,
ni tu ostentoso derroche,
ni tus toscas falsedades,
más oscuras que la noche.

Presumes de ser valiente
y te asusta un gorrión.
Vas engañando a la gente,
no te mereces perdón
por cretino impertinente.

Si dijeras la verdad
de lo que a ti te acontece,
contarías la realidad
de aquello que se merece
tu sonora terquedad.

DESTIERRO

Buenos días, querido amigo.
Yo con esta poesía
pretendo alegrarte el día,
mira bien lo que te digo.

Destierra a la vil tristeza,
que es muy mala consejera;
quítala de tu cabeza
y apártala de tu vera.

Si tú sigues mi consejo,
ya verás que esto es posible,
pues gazpachos con conejo
son lo más apetecible.

Hoy tengo paella mixta
a la que quiero invitarte;
yo te daré alguna pista,
si decides desplazarte.

Don Dinero

Es de justicia entregar
tres cuartos al pregonero,
pues nos viene a regalar
el muy dulce don Dinero,
el que al mundo hace rodar.

¿Y por qué vil se le llama
si en la vida es necesario?
Porque el hombre lo reclama,
aunque lo lleve al calvario
y aunque ensombrezca su fama.

Poderoso caballero
al que gusta cabalgar,
siendo amigo lisonjero,
más duro de atesorar
que peras da el limonero.

Por él delinquen los hombres,
lo hacen también las mujeres
y es propio de gentilhombres
que gozan de los placeres
que son de dudosos nombres.

El mundo sin el dinero
quizá pueda funcionar,
pero yo, a fuer de sincero,
no sé cómo podrá andar
un carro sin su arriero.

DONES

Aquí me tienes, mujer,
cargado de ricos dones,
los que te vengo a ofrecer
sin posibles parangones
ni riquezas para ver.

Lo que te ofrezco es mi vida
y amor sin comparación,
y la riqueza escondida
dentro de mi corazón
con hilo de oro prendida.

Si me preguntas por qué
de mi amor tan insistente,
te diré que no lo sé;
tal vez sea la corriente,
que me aprieta cual corsé.

Acepta mis pretensiones,
desde aquí yo te lo pido;
sé que tengo mil razones
para invocar al Cupido
que ensarta los corazones.

Pero si tú no me escuchas,
te juro que no me importa,
pues mis razones son muchas
y mi alma las soporta
al igual que frías duchas.

El afilador

Desde tiempo inmemorial
que ofrece las sus labores,
existe un gremio especial,
el de los afiladores.

De Orense son oriundos,
portadores de ventajas
y afilan por esos mundos
los cuchillos y navajas.

El chiflo con fuerza suena
anunciando su presencia,
depende de gente ajena
y el afilar es su ciencia.

Llamadlo cuando esté cerca,
bien él hará su trabajo;
veréis que presto se acerca
con su locuaz desparpajo.

EL PILLO

Era un pillo tan brillante
que era capaz de engañar
al más pintado al instante,
sin dejarle rechistar,
pues siempre iba por delante.

Tenía el pillo de esta historia
la ciencia del menestral,
no teniendo escapatoria
quien lo quisiera engañar,
pues nunca cantaba victoria.

Hay pillos de varias clases:
algunos muy refinados,
que conocen los compases
de bailaores alados,
rápidos cual alcatraces.

Está el pillo de tercera,
que se las da de listillo,
y aunque el tal pillo no quiera,
pierde de fijo el flequillo
y también la faltriquera.

Pero el que triunfa es el pillo
que se las da de inocente,
el cual maneja el martillo
como aquel pillo envolvente
que te vacía el bolsillo.

EL PIRÓMANO

El pirómano no tiene
ni alma ni corazón
y en la vida se mantiene
inmerso en su sinrazón.

Prende fuego a la arboleda
y a lo que halla a su alcance,
y usa la recta vereda
para su siniestro lance.

Destruir por destruir,
eso lleva por bandera,
y con presteza suele huir
a través de la pradera.

El porqué yo me pregunto
de su tremendo actuar
y al momento me barrunto
que es que está loco de atar.

Pirómano, desgraciado,
cesa en tu inmundo dañar,
deja de ser el malvado
que disfruta con matar.

EL VALIENTE

El que se arredra fenece,
porque nadie lo socorre;
el valiente permanece
por ser quien se bate el cobre.

El valiente es un cobarde
que es forzado por la vida,
y antes que llegue a ser tarde,
ha de cuidarse la herida.

El cobarde reacciona
cuando se hace pertinente,
y allí su fiereza asoma,
deviniendo así en valiente.

Todo quisque reacciona
cuando el peligro lo cerca,
y su valentía acciona
y a ser un héroe se acerca.

Ensoñaciones

El sevillano es tenaz
como piedra de granito,
y lo suele manifestar
diciéndolo a voz en grito
ante el más piadoso altar.

La sevillana es brillante
como el sol de la mañana,
bella cual diosa del Dante
y como coto de Doñana,
mecido por el Levante.

Y allí yo quiero morir,
como las rojas manzanas,
junto al río Guadalquivir,
en alboradas tempranas
de las campanas tañir.

Con perfume de azahar
en su eterna primavera,
en Sevilla quiero estar
el día que yo me muera
y de su magia gozar.

Y si muero en la distancia,
mi sombra la lleve el viento,
y aunque no fuera en mi infancia,
yo sevillano me siento
y allí yo tendré mi estancia.

INDESEABLE

De dudosa catadura
y de corazón de hielo
es el hombre que censura
con empecinado celo
y con dolosa premura.

No pidas que lo perdone,
pues el perdón no merece
a quien tanto empeño pone
en que nada se enderece;
solo es bien lo que él impone.

La censura es tan antigua
como lo son los humanos
y así el sabio lo atestigua,
agarrando con sus manos
una razón tan exigua.

En la trampa no caigamos
ni saltemos al abismo,
la mente abierta tengamos
para huir del dogmatismo
porque la luz aceptamos.

Claro que se puede hacer,
mas no sin dificultad,
la mente clara tener
para huir de la maldad
que nos hace aborrecer
la sabia y pura verdad.

LARGA VIDA

Larga vida y muchos hijos
me solían desear
y otra clase de acertijos
para los adivinar.

Larga vida ya he tenido
y de los hijos también,
pues tres de ellos han sido
y son muy gente de bien.

Orgulloso yo me siento
de mis hijas y de m'hijo,
que por su inmenso talento
me dan un gran regocijo.

Y de mis nietos, ¿qué digo?
Que los quiero con locura,
son de mi vida el motivo
de mi futura andadura.

Y para qué yo negarlo
si dos me parecen poco,
pero por yo desearlo
nunca soplará el siroco.

Nombre de mujer

María del Sol la llamaban
por su cara luminosa;
a ella todos la miraban,
porque era como una rosa
y, por eso, la idolatraban.

Como el jazmín, su color
se movía como las olas,
su talante arrollador
gustaba a las amapolas,
que ensalzaban su candor.

Era el brillo de sus ojos
más fulgente que un lucero;
de los claveles, manojos
no comprables con dinero
que colmara sus antojos.

Y cuando va caminando
por la calle del querer,
va dulzura derramando
en el pleno atardecer
que su pelo va besando.

Y es la niña tan hermosa
que cuando con garbo pisa,
es bella cual blanca rosa
que con su divina risa
emula a la mariposa.

PILLAJE

Hoy me han venido a robar
la mi noble inspiración,
y solo me han logrado hurtar
un pequeñito jirón.

Lo que en la mente florece
en ella su trono tiene
y en el trono permanece
cuando en belleza deviene.

La inspiración es producto
de algo que en el alma duerme
y en su escondido reducto
a ninguno deja inerme.

Y si por ventura viene
el ladrón de las conciencias,
la inspiración lo entretiene
con la ayuda de las ciencias.

PUEDE SER

Nacido del ensamblaje
de rubia con africano,
de ensortijado pelaje
y lunar blanco en su mano,
dio en extraño maridaje.

Ojos verdes como el prado
de un verde campo asturiano,
descubrió que la que amaba
moraba en el altozano
al borde de una quebrada.

Era una niña trigueña
casi de su misma edad,
heredera de la aceña
de una cercana heredad
donde anida la cigüeña.

Al principio no entendió
la decisión de su hija,
pero la madre admitió
que el amor no es cosa fija,
porque alguien lo decidió.

La niña, que cual gacela
sembró en su huerto el amor,
llevó al mozo a su parcela,
cuidándolo con primor
y alegría de castañuela.

II. PENSAMIENTOS

A LO TUYO

Ay, qué bueno es el gobierno
que nos da pan y caviar,
y el cocido en el invierno
como exquisito manjar.

Y qué decir de los otros
que la gloria nos ofrecen
y las coces de sus potros
somos quienes las padecen.

Todos tienen sus ventajas
y cosas malas y buenas,
nos ofrecen las migajas
y crujientes berenjenas.

Así que no te atormentes,
que es nada lo que regalan
y engañosas son sus mentes,
pues sus hechos los avalan.

A UN CABALLERO CHILENO

Amigo Pedro Cortés,
te definió tu apellido;
qué pena que ya no estés,
qué dolor que te hayas ido.

Muchos somos los que dejas
aquí donde tú viviste
con nuestras mentes perplejas.
¿Por qué tan pronto te fuiste?

Tal vez exista otro mundo
donde por siempre vivamos,
mundo ideal y fecundo
donde todos nos amamos.

Espéranos, Pedro amigo,
ya que allí todos iremos;
por haberlo merecido
del placer conversaremos.

ANDARES

Anduve andando despacio
con la intención de alcanzar
esa región del espacio
donde a los dioses hallar
sentados en su palacio.

Me han dicho que los hubieron
en el griego panteón
y que a Grecia sostuvieron
dándole su bendición,
pero ya todos murieron.

Mas yo creo no haber llegado
a su divina morada,
pues si a ningún dios yo he hallado
ni a ninguna ninfa alada,
será porque no he buscado.

Yo lo volveré a intentar
hasta que yo los divise
y si alguien los puede atisbar,
yo le ruego que me avise
y así irlos yo a adorar.

¿Qué ocurre si no aparecen?
Pues será que ellos no existen
y mi atención no merecen,
y yo diré a los que insisten
que por un dios ellos recen.

ATARDECERES

En la fragua del cariño
se forjaron mis amores
y comencé desde niño
a libar las bellas flores
bordadas en tu corpiño.

Con firme dedicación
yo cultivé los claveles
de la naciente pasión
y de las sus dulces mieles
perfumadas con limón.

Y pasó volando el tiempo
cabalgando en blancas olas
como ingente pasatiempo,
contando las amapolas
sin nunca llegar a tiempo.

Ahora que llega mi otoño,
ya nunca se oirán mis quejas,
porque soy como el madroño
que, si a su aire lo dejas,
de él nacerá un retoño.

Y aquí me tenéis jugando
con mi gran felicidad,
y así el tiempo va pasando
persiguiendo la verdad
que intuyo voy alcanzando.

AUSTERO

Piensa el austero en lo bueno,
que es riqueza acumular
y no olvidar el centeno
que nos da el pan y el yantar.

En su ahorrativa ceguera
esquiva la realidad
y va de forma certera
a perder su humanidad.

La austeridad es conveniente,
pero en su justa medida
puede matar al paciente,
haciendo estéril su vida.

Utilicemos los bienes
que nos da la madre tierra,
huyamos de los vaivenes
que conducen a la guerra.

En la paz está el secreto
y es el amor su mansión;
el odio no tiene objeto,
lo más bello es la ilusión.

BOSQUEJO

Al nacer se es un bosquejo
de lo que en vida seremos,
el humano es tan complejo
que siempre está en «ya veremos».

Y si vivir para ver
es asunto necesario,
nunca se podrá volver
al precedente calvario.

Por favor, no me preguntes
qué voy a ser de mayor;
si escudriñas mis apuntes,
quizá halles tú mi amor.

El bosquejo de una vida
con trazos gruesos se escribe,
los que nos dan la medida
del dolor que se recibe.

CREENCIA

Cree en los Magos de Oriente
y en la absoluta bondad.
Cree que la gente corriente
está libre de maldad.

Cree en los dioses magnánimos
y que es siempre la bondad
la que mantiene los ánimos
de toda la humanidad.

No le importan las locuras
que cometen sus vecinos.
Cree que son las almas puras
las que marcan los caminos.

Es feliz con sus creencias,
para él todo es amor;
ignora las advertencias
y no teme ni al temor.

CURRICULUM VITAE

El curriculum vitae
da del hombre la medida,
pero no siempre le trae
la justicia merecida.

No voy a dejarla fuera
a la valiente mujer
que es parte de la frontera
de ese nuestro amanecer.

Hoy no se puede admitir
que a nadie se discrimine,
pues el derecho a existir
que nadie lo subordine.

Sí, ya está bien de excepciones,
pues no es justa la medida,
la que en todas las naciones
sea la mujer disminuida.

DESEOS

Cuéntame dónde te has ido,
que no te puedo encontrar;
mi corazón malherido
no te deja de añorar
como el halcón a su nido.

El recuerdo reconforta
andando el tiempo pasado;
lo demás ya qué me importa,
si no te tengo a mi lado
y esto mi esperanza acorta.

Nado en el mar de tu ausencia
creyendo que allí me esperas,
y al cielo pido clemencia
deseando aguas someras
que me traigan tu presencia.

Dijiste que volverías,
tu promesa no has cumplido,
y aquí están las penas mías,
porque por siempre te has ido
a transitar otra vías.

Yo alimento la esperanza,
que algún día volverás,
con presteza y sin tardanza,
y en mi fuente beberás
el néctar que el cielo alcanza.

DESPERTAR

Temprano me desperté,
tal que hace la musaraña,
y al cielo le pregunté
por qué el prójimo me engaña.

La respuesta recibida
fue de lo más peregrina,
y no por lo consabida
ella la verdad adivina.

Confundido me pregunto
en dónde está la verdad,
este es el quid del asunto
que enreda a la humanidad.

El filósofo del cuento
me aseguró conocer
el por qué nos da el sarmiento
vino de amor y placer.

DIFERENCIAS

No es lo mismo un ganapán
que quien siempre su pan gana:
en el segundo hay afán
y en el primero desgana.

Es preferible el amor
al dinero mal ganado;
es más puro el resplandor
de quien el cielo ha ganado.

Y quién no quiere tener
un cariño en su mochila
y así al pobre socorrer
con un trago de tequila.

Hay quien prefiere el dinero
al cariño y la salud,
siendo para él lo primero
la violencia a la quietud.

DINERO

Que no, que el dinero no crece
entre verdes matorrales,
pues él tampoco florece
en los árboles frutales.

Hay quienes tienen por norma
permanecer siempre inertes
y al abrigo de una sombra
ven transcurrir los trimestres.

La indolencia es la prima
de la segura pobreza,
pues conduce hasta la cima
de la absoluta tristeza.

Para ser útil al mundo,
olvidad la petulancia
y abrazad lo más fecundo,
constancia y perseverancia.

El buscón

Escudriña el horizonte
y la ignota lejanía,
baja al valle, sube al monte
y el canto del avefría
hace que su sino afronte.

Cuando el destino la llama,
acude sin vacilar;
ella no es sino una dama
de recto y honrado andar
que su belleza derrama.

Es su vida que discurre
con grande gloria y sin pena,
grandioso es lo que le ocurre;
ella es como la azucena,
nadie a su lado se aburre.

Su bello andar elegante,
su largo pelo ondulado
hacían que su semblante
de fulgor anacarado
atrajera al caminante.

Desde que la vi en su calle
sentí que mi corazón
se expandiera por el valle
y se nublara mi razón
al mirar su fino talle.

EL ESCRITOR

Escribir tiene un secreto
que el escritor no conoce,
mereciendo un gran respeto
el que un idioma desbroce.

Ser escritor no es posible
sin saber lo que decir
y el fracaso es predecible,
igual que el de un mal faquir.

Mas ser escritor no basta
con el hecho de escribir,
ni por llenar la canasta,
ni por la pluma blandir.

Pero si tú no lo intentas,
serás cual mudo guijarro,
pues por mucho que lo sientas
no dejarás de ser barro.

Y cuando nos preguntamos
qué pretende el escritor,
muy raudo nos contestamos:
darnos cuenta de su amor.

EL EURO

Con el euro a coscaletas
te puedes ir preparando;
vete haciendo las maletas
con cosas de contrabando.

Con el euro hemos topado,
el euro y las cien pesetas,
y su valor se ha igualado
volviéndonos majaretas.

Una cerveza costaba
cien pesetas de vellón;
pronto el euro se igualaba
para nuestra perdición.

Ahora cuesta casi el doble
cualquier cosa que adquiramos;
nos han dado un buen mandoble
y que al euro prefiramos.

El infante

Tierna es la mirada
de sus ojos claros
y en la tierra amada
suenan los disparos
de una guerra odiada.

Nadie está conforme
con su propia suerte,
ya que esta es deforme
cual la misma muerte
que el final esconde.

Cuando el sol se apaga
y alumbra la luna,
huele la biznaga,
que trae la fortuna
y su perfume embriaga.

Protesta el infante
con llanto llorón;
su madre al instante
le da el biberón
con dulce semblante.

Se apaga su llanto,
su madre lo acuna;
tomó su alimento,
ya más no importuna,
pues ya está contento.

EL NEGADOR

Nada tengo que decir
al que niega la evidencia,
pero sí quiero insistir
en que atienda a su conciencia
para más feliz vivir.

Que cada cual se preocupe
de mirar en sus adentros
y no diga «no lo supe»,
obviando sus desencuentros
con la santa Guadalupe.

En los caminos del alma
no se debe escatimar
el uso de blanca palma
para al Mesías adorar
y obtener la dulce calma.

Escuchemos a los santos,
ellos son sabios también
y no sufren los quebrantos
de confundir mal con bien,
ni afrontando desencantos.

Si seguimos los consejos
que da la recta razón,
volaremos cual vencejos,
émulos del avión
y de los cristianos viejos.

El perdón

Si perdonar dignifica
a quien concede el perdón,
lo que el perdón significa
es que atenúa el baldón
de quien de la pena abdica.

Perdonar a quien te ofende
es propio del ser humano,
porque perdonar comprende
amar a su propio hermano
y la amargura suspende.

El alma del que perdona
se ennoblece sin medida
y así la inquina abandona
y abraza la recta vida
que la tierra yerma abona.

Esta es la acción más hermosa,
la del perdón concedido,
es bella cual mariposa
que del capullo ha salido
y luce como una diosa.

El perdón es potestad
de la gente bien nacida,
en él no existe maldad
ni hazaña malentendida
que desluzca la bondad.

EL TRANSCURRIR

El tiempo, santa palabra
que nos viene a estimular
el que nuestra vida labra
en la tierra y en el mar.

El tiempo veloz transcurre,
nadie detenerlo puede;
como el vendaval discurre,
siendo el ser vivo al que agrede.

Se dice «tiempo no tengo»
para la vida encarar
y así al tiempo yo entretengo
en su infinito pasar.

El tiempo de que gozamos
en nuestro libro está escrito
y cada día comenzamos
sin comprender el gran mito.

EL TRANVÍA

Había un viejo tranvía
en una vieja ciudad
que usaba la vieja vía
que lleva a la eternidad,
la cual veremos un día.

Era tan viejo y tan sabio
que todo lo conocía,
pues usaba un astrolabio
para ir donde quería
sin pereza y sin resabio.

Una mañana sombría
una niña lo abordó
y al verla como sufría,
el tranvía le preguntó
si es que madre no tenía.

«Bella niña, ¿qué te ocurre?
¿Por qué estás tan asolada?
Piensa que el mundo transcurre
caminando hacia la nada
y con la nada concurre».

Grandemente acongojada,
la niña le contestó
que en el mundo sola estaba
y el viejo tranvía lloró
con el alma destrozada.

ENSOÑACIONES

Tienen las ensoñaciones
una parte de verdad,
pues sin más explicaciones
asemejan realidad.

Nos creemos estar viendo
lo que en la mente acontece
y que lo estamos viviendo,
pues a realidad se parece.

Nuestra mente no descansa
ni dormidos ni despiertos,
mas nuestro cuerpo lo amansa
cual musicales conciertos.

Los que entienden del cerebro
tienen muchas teorías,
mas como bayas de enebro
son dudosas y tardías.

ES POSIBLE

La conocí una mañana
camino del mentidero,
a una hora tan temprana
que aún lucía el lucero.

Era una niña adorable
de menos de quince abriles,
esbelta cual recto sable
y modelo en los desfiles.

Sentí una cosa en mi pecho
del lado del corazón,
resultando ser un hecho
que se nubló mi razón.

Y así fue como cupido
me ensartó con su saeta,
quedando en su red prendido
para ser su apologeta.

ESTUPOR

A veces me quedo absorto
mirando en mi derredor,
lo que veo no lo soporto
por ser tan desgarrador.

Pero seguro yo estoy
de que todo no es así
y raudo corro y me voy
en pos de aquel potosí.

La riqueza no es bastante,
pero en el mundo presente
un colmillo de elefante
vale más que un penitente.

Y todo vuelve a empezar
y sin saber yo termino;
me pregunto qué he de hacer
para ser buen peregrino.

FINAL

Todo lo que empieza acaba,
tiene principio y final,
y aunque lo eterno añoraba,
el hombre es como un fanal.

Hasta el sol que nos calienta
y hace posible la vida
eternamente no alienta,
pues será una estrella extinguida.

¿Y cuándo sucederá?
Dicen que en años millones.
A mí no me alcanzará,
me habré ido a otras regiones.

Y si es que otra vida existe,
¿será eterna como dicen?
¿O tendrá un final tan triste
como los sabios predicen?

IGNORANTES SUPINOS

Seamos íberos o iberos,
eso ya a nadie importa,
pues han vuelto por sus fueros
los que no saben ni torta
de vacunas ni de sueros.

Postulan los famosillos
que con nuestras vidas juegan,
actuando cual chiquillos
de los que todo lo enredan
hurgando en nuestros bolsillos.

Y para colmo de males
son algunos ignorantes
que ven a los marsupiales
como sabios diletantes,
siendo solo carcamales.

Son dueños de la ignorancia,
la que a los demás transmiten,
reyes de la petulancia
y cuantos juicios emiten
no son sino redundancia.

IMPOSIBLE

«No se puede», es la expresión
propia de los timoratos
a los que falta el tesón,
quedándose en los estratos
de su pobre condición.

Piensan que nada es posible,
reniegan de la cordura,
hasta niegan lo factible,
son ociosos sin mesura.
¡La pereza es preferible!

El progreso les repele,
el pasado es su añoranza,
a ellos solo les impele
el fervor de Sancho Panza
y es que el progreso les duele.

Son estáticos sin cuento,
el progreso es anatema,
son como el duro cemento,
son el fuego que no quema
y amigos del esperpento.

Resulta inútil querer
sacarlos de su ignorancia,
nadie puede pretender
que muden su intemperancia
ni al búnker pertenecer.

LA CONFUSIÓN

Los hay que en su confusión
el mal por el bien eligen
y les cae la maldición,
pues nada bueno coligen.

Con su delirio irredento
en el llanto se guarecen,
sufren de penas sin cuento,
pues eso es lo que merecen.

En cambio, los razonables
son hijos de la ventura,
son al mal impermeables
por su loable cordura.

¿Y qué conclusión sacamos?
Pues que hay que tener muy claro
que así todos alcanzamos
de la pureza el amparo.

LA DISTANCIA

Cuando pienso en la distancia
que a los humanos separa,
me asalta la intemperancia
cual si al averno bajara.

Yo sé que estamos de paso,
ya que vida solo hay una,
y por eso en el Parnaso
Júpiter hace fortuna.

Indescriptible alegría
me producen las venturas
de la dulce malvasía
que ennoblece a las criaturas.

Siempre la duda me asalta
del porqué allí peleaban
los caballeros de Malta
cuando juntos guerreaban.

Y si respuesta no hallo
a mis varias inquietudes,
cierro mi mente y me callo
aguardando a las virtudes.

LA DUDA

No sé si te están placiendo
estos versos de la calma,
los versos que estás leyendo;
si no, lo siento en el alma
y a otro portal voy corriendo.

No deseo que estos versos
que nacen de mis adentros
sean dañinos o perversos
hasta perturbar tus centros
con subterfugios diversos.

Pues verás, lo que persigo
es que alegren tus momentos
y que sean como el amigo
que calma los malos vientos
los que cierran tu postigo.

Y si al acabar percibes
que te falta la clemencia,
goza del río los arribes
con la gloriosa paciencia,
la que evita los declives.

Con esta estrofa concluyo
la quintilla que empecé,
pues no sé por qué yo intuyo
que con ella encontraré
el bordón con que te influyo.

LA ESPERA

Lleva el alma en la mochila
y un cantar entre sus labios,
porque con su rueca hila
lo que le dictan los sabios.

Sigue buscando a su amor
entre cardos y rosales,
su vida es como una flor
que florece en los arales.

Saltando de rama en rama
lo busca, mas no lo encuentra,
y solo de forma vana
su esperanza ella alimenta.

Amor que la brisa lleva,
amor de capa y espada,
el amor que el alma eleva
hasta el confín de la nada.

Solo quiere que aparezca
antes de al cielo subir;
tal vez no se lo merezca,
pero no va a desistir.

LA INFLACIÓN

Esquivando la ruina
que produce la inflación,
sufre el hombre de boina
en sus carnes un girón
que su bienestar lamina.

Manifiesta crueldad
que quien vive de un salario
caiga en la necesidad
y en un vivir tan precario
que mata su humanidad.

Alguien me habrá de decir
el porqué de esta sangría,
quién lo viene a maldecir
y al pobre tiene manía
no dejándolo existir.

Será la oculta maldad,
será quizá el mercado,
será falta de piedad
la que lleva al desdichado
a perder su libertad.

Porque al más débil empuja,
la maldigo con razón
a esa negra y mala bruja,
a quien llaman la inflación
que hiere como una aguja.

LA LERA[1]

En la lera de tu casa
ha anidado un gorrión,
siempre que volando pasa
se me alegra el corazón.

En la lera de tu casa
anidan mis ilusiones
y mi viejo amor traspasa
el muro de mis pasiones.

En la lera de tu casa
está mi lecho nocturno,
que como la dulce pasa
endulza la faz del mundo.

En la lera de tu casa
posado yo permanezco,
para ver si a tu amor pasa
y me trae lo que merezco.

---

[1] Coronación de la pared de un patio.

LAS CARENCIAS

Ya no puedo conducir,
disminuyen mis reflejos;
yo lo tengo que admitir
sin ambages ni complejos
y mi destino cumplir.

Las carencias vienen solas
a nuestra puerta a llamar
y cual saltarinas olas
nos suelen perjudicar
con sus locas cabriolas.

Hay que tener siempre abiertos
los ojos de los sentidos,
evitando los entuertos
de rotos y descosidos,
solo propios de los tuertos.

A medida que se avanza
por la senda del destino,
vamos dejando la lanza
a lo largo del camino
por tomarlo todo a chanza.

Cierro esta simple quintilla
que podría ser realidad,
mas la luz de una cerilla
me aleja de la maldad
de forma simple y sencilla.

LISONJAS

Las recibo con placer
las lisonjas que me envías,
la paella que puedes ver
no son meras utopías.

Las acepto yo, no obstante,
por venir de un gran amigo,
de un moronense importante
siempre del mal al abrigo.

Muchas gracias, buen amigo,
por tus buenas intenciones;
el provecho grande ha sido
para los mis anfitriones.

Lo de saber se supone,
eso de mí no depende;
debe decirlo quien come
si me prueba o me suspende.

Lo que siento es no poder,
no poderos invitar
a mi paella comer
y con buen vino degustar.

PAREDES

Las paredes de mi casa
el sol no dejan pasar,
pero tu amor las traspasa
en su lento caminar
con el dulzor de la pasa.

Tienen tremendo espesor,
de granito están compuestas,
y hasta mí llega el rumor
de las tenues hojas muertas
pregonando el desamor.

Yo, que vengo de muy lejos,
donde da la vuelta el aire,
no me importan los complejos,
yo me abrigo en el socaire,
donde moran los perplejos.

Cosa sublime sería
el poder que las paredes
en una mañana fría
fueran leves como redes
y dulces cual malvasía.

Pero esto no puede ser,
las paredes nos separan
de la vida y del placer,
pues si al hombre respetaran,
no lo harían padecer.

PLAÑIR

No lloro por cualquier cosa,
pues soy dura de llorar.
Pero ¿hay cosa más hermosa
que por un amor penar?

Me tachan de plañidera
cuando a duras penas lloro;
yo soy cual la primavera,
que al buen padre sol adoro.

Ay, si pudiera acallar
con mi llanto el sufrimiento,
no cesaría de llorar
hasta perder el aliento.

Y no es que no haya razones
para un eterno plañir,
mas son diversas cuestiones
que hacen al pueblo reír.

Sufrir, penar y llorar
son tres cosas que entristecen,
pero el placer suele aflorar
cuando las penas decrecen.

SALDADOR

Ayer me vino a buscar
un muy antiguo deudor,
pretendiéndome pagar
y así reparar su honor.

No es frecuente en estos tiempos
encontrar tales personas,
pues los nobles sentimientos
no habitan en las neuronas.

Las cosas fueron distintas
en el pasado lejano,
pues se anudaban las cintas
solo con darse la mano.

Hoy resulta frecuente
el que el antiguo deudor
sea una persona decente
convertida en saldador.

SOL-EDADES

El sol para todos brilla,
para cosas y animales,
para la hermosa chiquilla
y para erguidos zagales.

Y no importa dónde estén,
a todos sus rayos llegan
y es de la vida el sostén,
millones de años le quedan.

Cuando se extinga su estrella
en las edades remotas,
se apagará la centella
en las distancias ignotas.

No te preocupes, humano,
pues ya te habrás extinguido;
la vida es un puro arcano
de final desconocido.

SUEÑO Y VIGILIA

Soñar al estar despierto
y hacer al estar dormido
es más verdadero y cierto
que siempre estar compungido.

El ser humano precisa
de una constancia infinita,
pues el mundo que divisa
es bello cual margarita.

Y al hablar de Margarita,
nombre también de mujer,
hablamos de flor bendita
siempre pronta a florecer.

Las flores en su belleza
llevan muy dentro escondida
la gran y enorme grandeza
que es semilla de la vida.

III. NATURALEZA

A LA SOMBRA

A la sombra de un tomillo
se cobijaba la hormiga
obrera de hacer sencillo,
la que arrostra gran fatiga.

El tomillo es su descanso
en su eterno pelear,
en él busca el gran remanso
para un poco descansar.

Mas tiene que proseguir
y con paso bien ligero
marcha a su casa a dormir
en el cálido hormiguero.

Y en llegando a su destino
con su carga de alimento,
por fin terminó el camino
donde encontró su sustento.

A MEJOR VIDA

Más de nueve años tenía
mi querido gorrión.
Ayer pasó a mejor vida.
Ay, qué triste sofocón.

Del suelo lo recogí
y lo crie con esmero,
y ayer cuando lo perdí,
yo sentí un dolor sincero.

Cuando del nido cayó
era una implume bolita,
y el nido que le hice yo
fue su casa más bonita.

Pasando el tiempo creció
y hasta adulto llegó a ser,
gran alegría me dio
ver su vuelo y su correr.

En mi hombro se posaba
y de mi mano comía,
de mi comida le daba
y con fruición la engullía.

Con este simple poema
me despido de Tomasa,
maldiciendo al anatema
que todo lo vivo arrasa.

ÁGUILA PERDICERA

El águila perdicera
de perdices se alimenta
y se posa en la palmera,
pues de peligro está exenta.

Su volar majestuoso
al observante embelesa,
no hay volátil más hermoso
cuando captura la presa.

Por un error extendido
creen bastantes cazadores
que siempre el águila ha sido
la causa de mil horrores.

Beneficioso animal
que elimina a los más débiles
que andan por el trigal
emparejados o célibes.

Todo lo que fue creado,
aunque no sepas por quién,
tiene su puesto asignado,
porque está orientado al bien.

CLISOS[2]

Si no fuera por tus clisos,
la luz del cielo no viera,
ni amorosos compromisos
en mis noches yo tuviera.

Tus ojos son dos luceros
que alumbran mi noche oscura,
son sus rayos tempraneros
los focos de la ternura.

Ver la vida en la distancia
es vivir en el candor
sin la vana petulancia,
madre que es del desamor.

Yo te quiero a ciencia cierta,
sin ti no podría vivir,
nunca me cierres la puerta
de tu augusto porvenir.

---

[2]   En la lengua caló, ojos.

El agua

El agua nos da la vida,
pero a veces nos la quita,
pues con su brava embestida
ensombrece hasta a Afrodita.

Agua que del cielo caes
y a los campos alimentas,
agua que en tus gotas traes
el furor de las tormentas.

No es lo mismo el agua pura
que la que arrasa y destruye,
ni la que cae con mesura
y que mansamente fluye.

Las lágrimas de unos ojos
que son las gotas del alma
son del corazón rastrojos
que le hacen perder la calma.

No sé si tiene sentido
lo que acabo de decir,
pero por archisabido
no es ocioso el repetir.

EL LINCE

Es el lince, ese felino
de porte tan elegante;
él para nada es dañino,
mas bien es edificante.

Tenemos la variante
del llamado lince ibérico,
es suave como un guante
y es real y no quimérico.

Sería un tremendo fracaso
si se llegara a extinguir;
cuidémoslo, por si acaso,
evitándole sufrir.

En el parque de Doñana
lo vienen recuperando,
pretendiendo que mañana
siga por allí campando.

El nogal

Mi padre plantó un nogal
el día de mi nacimiento
para yo poderlo usar
en mi adulto advenimiento.

Durante mi pubertad
hermosas nueces me daba;
yo con toda libertad
las comía o las regalaba.

Al llegar a mi vejez,
el nogal aún me acompaña;
ya pasada mi niñez,
le da sombra a mi cabaña.

En otoño me da nueces,
buenas para alimentarme;
en invierno da con creces
leña para calentarme.

Y ahí sigue mi nogal
en otoño y en verano;
él, enhiesto en mi bancal,
pues él es como un hermano.

EL TOMATE

Qué culpa tiene el tomate
de su piel tan colorada
y soportar el disparate
de acabar en la ensalada.

Qué le podríamos decir
a ese sufrido tomate
que está a punto de morir
por un tremendo dislate.

Tomate de mis amores,
tu destino me estremece,
me produce mil temblores
por tu color que enrojece.

Te aseguro, tomatito,
que nunca te trocearé
y pondré en el cielo el grito
si alguien te hace puré.

El volcán

Triste hecho conocido
lo que en La Palma acontece,
del volcán suena el rugido
que al averno se parece.

Vomita fuego y desgracias,
todo a su paso lo arrasa,
quema plátanos y acacias
con su incandescente brasa.

Lava llaman al producto
que con su iracundia expulsa
y con su infernal eructo
genera una gran repulsa.

Impensable parecía
que tal cosa sucediera,
que al igual que el Teneguía
en la cumbre apareciera.

Euforizante

Cuelga orgulloso el racimo
de la uva sempiterna,
el que produce el buen vino
que se ofrece en la taberna.

Es lo que beben los dioses
en sus cielos infinitos
y los beodos precoces
para olvidar sus delitos.

Se utiliza como excusa
para aplacar la tristeza,
mas todo el que de él abusa
suele perder la cabeza.

A la euforia nos induce,
tiene un punto de maldad
y sin remedio produce
la humana calamidad.

De él no abusar sin mesura,
hace infecundo el camino,
lleva al hombre a la locura
¡Sed prudentes con el vino!

FACTOS

Soy comedor de garbanzos
y de gambas de Garrucha,
del buen pulpo de Betanzos
y del Ancares la trucha.

Alubias, las de la Granja,
y el jamón de pata negra,
de Valencia la naranja
y los dulces de mi suegra.

Los dátiles tunecinos,
las lentejas castellanas,
de la Rioja sus vinos
y de Lorca sus manzanas.

Y de Morón sus pestiños,
de Cádiz las acedías
y lo que gusta a los niños,
las golosas chucherías.

Y así podría yo estar
hablando de cosas buenas,
comentando sin parar
lo que mitiga mis penas.

Felino

Gato negro, gato blanco,
todo es cuestión de pigmentos;
al gato zurdo, al gato manco,
le sobran los alimentos.

¿Cazadores de ratones?
Eso quedó en el pasado,
le dan pienso con piñones
y está sobrealimentado.

Son mansos si los conoces,
pero, si no, ten cuidado;
son esquivos y veloces,
puedes salir arañado.

Pero son tan populares
que en los hogares abundan,
pero no están en los mares
ni en la tierras que se inundan.

El agua solo les place
cuando tienen que beber
y lo que el buen gato hace
es seco permanecer.

FIN DEL VERANO

Suele el otoño llegar
cuando el verano termina,
es el tiempo de comprar
la muy dulce mandarina.

Hermana de la naranja
de tamaño más pequeña,
la cultivo yo en la granja
que tengo allá en Salobreña.

También siembro yo tomates,
aguacate y chirimoyas,
y dicen todos los cuates
que son verdaderas joyas.

Sigo con la mandarina
y esperando a la naranja,
que es una fruta divina
que también la hay en mi granja.

GENERALIDADES

Tenemos ganas de fiesta,
aunque no sea carnaval;
nos place asomar la testa
sorteando el vendaval.

Cuando el fuerte viento sopla,
nada podemos hacer,
salvo entonar una copla
en el gris atardecer.

Y si el huracán no cesa,
pidamos santa clemencia,
pues ella es la que más pesa
y no la herética ciencia.

Y es el hado quien protege
al hombre de sus desgracias,
sin que ya margen le deje
para aceptar las falacias.

GORJEOS

Un ruiseñor me cantaba
muy cerca de mis oídos,
sus trinos me regalaba
con gorjeos tan sentidos
que mi pulso aceleraba.

El ruiseñor que volaba
en la rama de un majuelo
con sus cantos mitigaba
mi tremendo desconsuelo
al ver que nadie me amaba.

En sus idas y venidas
del árbol a mi ventana,
con sus largas siete vidas
al despuntar la mañana
abría sus alas dormidas.

Y cuando el vuelo levanta
perdiéndose en las alturas,
abre al mundo su garganta
diciendo notas tan puras
y así a cualquier mal espanta.

Mataron al ruiseñor
cazadores despiadados,
me privaron de su amor
los malditos desalmados,
sumiéndome en el dolor.

GOZANDO

Cuando a tu vera me acerco,
pienso que me estás mirando;
tu aroma me lleva al huerto,
mientras coplas voy cantando.

Me alegro que haya quien tenga
comer gato prohibido,
pido que así se mantenga
y el dogma no sea abolido.

Estoy seguro que sí,
que quien lo prueba repite,
y no me digas a mí
que esto te importa un ardite.

Lo gozará con fruición
quien a este grupo se integra,
disfrutando de un jamón
de cerdo de pata negra.

GRANIZADA

Entre brumas desperté,
mañana triste y helada,
y entonces me percaté
de la blanca granizada
que alborozado pisé.

Al inicio yo pensaba,
hasta que lo comprobé,
que de nieve se trataba,
pero cuando la palpé,
piel de armiño asemejaba.

Un misterio es su blancura,
cuando del agua proviene,
y es proverbial su hermosura,
la que al humano entretiene
ocultando oculta la basura.

Pero todo no es belleza,
también puede destruir
lo que a la naturaleza
tanto cuesta construir
en su constante proeza.

De cualquier forma y manera,
nada es perfecto en el mundo,
pues hasta la primavera
que vuelve la vida al mundo
destruye como la hoguera.

INGRATO

Crece entre las malas hierbas,
se yergue como el ciprés,
de condiciones acerbas,
él agrede hasta al marqués.

Tiene una flor llamativa,
la que atrae a los insectos,
y por hallarse cautiva
soporta a bichos molestos.

Es una planta modesta,
muy presente en los bancales,
odiada por indigesta
por multitud de animales.

Un beso a su flor le di,
airada me respondió,
mi devoción le perdí
y, por eso, me repudió.

Yo no sé si es suficiente
lo que dije yo primero
y si entenderá la gente
que es el cardo borriquero.

INVENCIBLE

El león es poderoso,
rey de la selva es llamado,
el macho es un ser hermoso,
raro es ser domesticado.

Suele marcar territorio
con su temible rugido,
de natural, un tenorio
de furia incontrovertible.

Además del hombre tiene
bastantes más enemigos,
mas su fiereza mantiene
a través de sus quejidos.

Y aquí termino esta historia
del símbolo del poder,
que en vez de alcanzar la gloria
el polvo suele morder.

JAZMINES Y AZAHAR

El olor de los jazmines
y el perfume de azahar
lo llevan los querubines
que te vienen a rondar.

Ángeles jugando al corro
en los confines del cielo
y un santo se quita el gorro
dejando al aire su pelo.

En las fuentes del amor
donde nadan los defines
sin zozobra y sin temor
a los terribles mastines.

No tengas miedo al destino
porque gobierne tu vida,
elige bien el camino
y ganarás la partida.

LA CASTAÑA

Es típica la castaña
aquí en el invierno patrio,
es vendida en toda España
en la calle y en el atrio.

Tiene pocas calorías,
y aunque sea un fruto seco,
comerlo todos los días
él le place hasta al meteco.

La castaña es de Galicia
y también es de Aracena,
comerla es una delicia,
pues asada ¡está tan buena!

Hay un dulce de castañas
llamado marrón glasé;
si es producto de las brañas,
de veras yo no lo sé.

Lo que sí sé con certeza
es que es un dulce exquisito
y que pierdo la cabeza
si no me dan un poquito.

LA GAVIOTA

Una blanca gaviota
traía en su pico una carta,
venía de tierra remota
donde el rayo al mar ensarta.

En la puerta del doncel
cesó su vuelo cansino
y después del vuelo aquel
reemprendió su camino.

El joven que la esperaba
abrió la carta amorosa,
mientras su mano temblaba
pensando en su bella rosa.

La letra de la misiva
era lo siempre esperado,
decía que la rosa iba
a regresar con su amado.

LA RANA

Canta la rana en su charco
bajo el espectro lunar,
siempre que allí pasa el narco
con su alijo de matar.

La rana que desconoce
la vileza del andante
canta con augusto goce
saludando al caminante.

Si la rana conociera
cuán dañino es el doncel,
sus cantares no le diera
para alegrar su tropel.

Sigue la rana en sus trece
cantándole siempre al narco,
pues justo lo que acontece
es que su mundo es su charco.

LOS PAISAJES

Hay paisajes increíbles
de belleza insuperable,
de grandeza impredecible
y valor muy estimable.

Qué más quisieran los buenos,
los nobles de corazón,
que convertir rudos truenos
en palabras de perdón.

Si oyes tú los quejidos
de las almas maltratadas,
será que los poseídos
las mantienen secuestradas.

Hay una forma segura
de zafarse del impío
y de la espantosa locura
que nos lleva al desvarío.

No traspasando el umbral
de la impoluta conciencia,
rechazando cualquier mal
y la cruel maledicencia.

LUZ BENDITA

Cuando luce el sol del cielo
y se retira la aurora,
se extingue mi desconsuelo
nacido en aciaga hora.

Todo brilla en mis adentros
y en el alma que poseo,
y se iluminan mis centros
porque la gloria deseo.

Cada día sin excusas
pregono a los cuatro vientos
que me visitan las musas
cuando me arranco por tientos.

Arco iris de colores
anuncia que el tiempo escampa
y abren su alma las flores
componiendo bella estampa.

Y es así que el viejo sol
insufla en el mundo vida
y allá en su eterno crisol
hace que lo inerte viva.

METEOROS

Mucho se hace de rogar
la suave lluvia bendita,
está tardando en llegar
donde más se necesita.

La transporta un meteoro
muy dentro de sus entrañas,
lluvia que aquí es un tesoro
y abundante en las Bretañas.

A veces llega a arribar
con violencia desmedida
y la gente del lugar
se siente despavorida.

Zeus, con tu gran poder
haz que la lluvia regrese
y que aquí vuelva a caer
como el mundo se merece.

Y si el hombre es el culpable
de esta dolosa carencia,
que propicie un mundo estable
con ayuda de la ciencia.

NAVEGANTE

Tenía un barquito velero
que usaba para pescar
al abrigo del estero
donde solía navegar.

Manolito, el marinero,
como todos lo llamaban,
profesaba amor sincero
a la que todos amaban.

Pero la moza pensaba
que Manolito no era
aquel que le interesaba
para tenerlo a su vera.

Y la niña que buscaba
el color del vil dinero
con un rico se casaba
despreciando al marinero.

Quiso la diosa Fortuna
que el rico todo perdiera
y la niña de verde luna
en pobre se convirtiera.

Nubes viajeras

Cuando las nubes se alejan,
resplandece el cielo azul,
a veces agua nos dejan,
a veces rayos de luz.

En su seno el agua vive,
esa que nos da la vida,
la que nos encha el aljibe
cuando del cielo es caída.

Arroyos y manantiales,
ríos, lagos y lagunas
dan vida a los arrozales
y hasta a las inertes dunas.

Es por eso que debemos
a las nubes adorar,
pues sin ellas no podemos
nuestra vida prolongar.

RAUDALES

La llamaban la Raudales
por sus muchas posesiones,
esclavos y menestrales
cultivando sus melones.

Le gustaba alardear
de sus riquezas tangibles,
de gozar y disfrutar
de caudales asequibles.

Por ser de noble ascendencia,
nada tenía que pagar,
con su suma impertinencia
evitaba el cotizar.

Cuando todo cambió,
la Raudales fue incapaz,
pues su imperio feneció
por el cambio pertinaz.

No retorno

La vida que se comporta
como las aguas de un río
tiene una estancia muy corta,
porque al pasar ya se ha ido.

Por mucho que el hombre intente,
ya nunca vuelve el pasado,
en su avanzar permanente
jamás nada ha retornado.

Conservar lo que se tiene
sin querer que nada mude,
eso a nadie le conviene,
ni a aquel que el progreso elude.

Puro conservacionismo,
retrógrada solución
que nos acerca al abismo
de la propia perdición.

El progreso del entorno
solaz de los bosquimanos,
siendo solo el no retorno
quien nos hace más humanos.

REALIDADES

La Tierra que antaño fue
un brasero incandescente
ahora viste de corsé
con rotura intermitente
y es peligrosa per se.

Se fractura su corteza
por donde el magma rebosa,
siendo su naturaleza
la que muda el verso en prosa
con tremebunda presteza.

El dicho magma es quemante,
hace mal por donde pasa,
destruye todo al instante
y a lo que es vivo lo arrasa
como el pecado al amante.

Los volcanes tienen nombre
que, hasta a veces, son bonitos,
hacen mucho daño al hombre;
más que malos son malditos,
mejor que nadie los nombre.

Muy dentro albergan las furias
de la tierra incandescente,
generan grandes penurias
para el común de la gente.
¡Qué intenciones tan espurias!

Mientras se encuentran dormidos,
peligro no representan,
mas despiertos son temidos
por las cenizas que avientan
y sus fuertes estampidos.

REALISMO

Subió la zorra al peral
en busca de dulces peras,
mas lo que allí pudo hallar
fueron diversas maneras
de su vida escantillar.

Y allí comenzó el destino
de la zorra a cambiar,
emprendió nuevo camino
sin su suerte desviar
de su porvenir canino.

Encontró al cuervo del cuento
intentándola engañar,
pero ya al primer intento
ella consiguió esquivar
al cuervo sin un lamento.

La garduña, vigilante
que estaba en su madriguera,
dijo a la zorra al instante
que a su guarida se fuera
huyendo de aquel piante.

¿Y qué consiguió la zorra
de este cuento improvisado?
Que por más que el cuervo corra
nunca se verá librado
de acabar en la mazmorra.

RENACER

Ya llegan las golondrinas,
y es porque la primavera
ya se ve por las esquinas
y reverdece la higuera.

El rosal se hace frondoso
y produce bellas rosas
y no hay nada más hermoso
que las lindas mariposas.

Se remozan los ancianos,
despierta el amor dormido
que ennoblece a los humanos
recordando al que se ha ido.

Dicen que nobleza obliga
y que sensibles nos hace
y la laboriosa hormiga
sus hormigueros rehace.

TEMPUS FUGIT

Y no es pasado el instante,
pero futuro tampoco,
siempre fluye hacia adelante
y en el tiempo él es muy poco.

Vivimos en el instante,
eterno es su transcurrir,
hace que el sol se levante
y hace a la vida surgir.

En su eterno no parar
el instante nos envuelve
y es su suave caminar
el pasar que nunca vuelve.

Y si la duda te asalta
cuando te hablen del instante,
es que a tu mente le falta
la esencia del caminante.

«Caminante, no hay camino»,
dijo el insigne poeta,
y no hay vida sin destino
ni viajero sin maleta.

TRINOS

Trina el mirlo en la mañana
en la pradera sombría,
pues a hora tan temprana
no salió el sol todavía
ni a puerto arribó la Tana[3].

Vuela rauda la paloma,
y la oscura golondrina
caza insectos en la loma
de la cercana colina
donde la vida se asoma.

El murciélago en la noche
vuela y caza con presteza,
su habilidad es un derroche
de la asaz naturaleza
que acontece a trochemoche.

Y es que todo lo que vuela
posee un soplo divino
que a los dioses siempre anhela,
pues le indican el camino
cual la luz de una candela.

---

[3] Nombre dado por los argentinos a las inmigrantes de origen italiano.

Y yo quisiera volar
rondando la tu ventana
para tu amor conquistar
de noche, tarde y mañana
y en tus brazos descansar.

VOLANDO VA

Vuela ufano el abejorro
buscando plantas en flor
en la esquina del socorro
donde resurge el amor.

Crisantemos de colores
las flores del más allá
de los extintos amores
que el tiempo devolverá.

En su eterno deambular
busca la flor de su vida,
oye el viento en su ulular
esquivando su embestida.

Abejorro de estos versos
que a los cielos te diriges
en pos de los dulces besos
con amorosos matices.

No te olvides de libar
el néctar de la fortuna
y de flor en flor volar,
que vida no hay más que una.

VOLÁTILES

Los zorzales que cacé
un día en Lora del Río
en salsa yo los guisé.
Ay, qué buen plato, Dios mío.

Colorines y avefrías,
zorzales y gorriones,
inhumanas cacerías
bajo negros nubarrones.

En los bares los servían
como tapas exquisitas;
los clientes los pedían,
pues eran delicias fritas.

Hoy se encuentran prohibidos
al igual que los chanquetes,
ambos fueron consumidos
en tapeos y banquetes.

Yo siento haberlos cazado
con cepos y trampas varias.
Pensé «qué mal yo he obrado»
por cuestiones dinerarias.

IV. IDEALES

A VECES

El brillo que tiene el oro
ciega los ojos del alma
de la moza que yo adoro
y me hace perder la calma,
aunque a las musas yo imploro.

Lo llaman el vil metal,
y aunque muchos lo atesoren,
tenerlo es fundamental
para los que el oro adoren
de una forma irracional.

La culpa el oro no tiene,
pues él solo es un metal
y es su brillo el que mantiene
la ambición del menestral
y la que su orgullo sostiene.

Ojalá que alguna tarde
todos descubran que el oro
hace al valiente cobarde
y le aporta el gran desdoro
de llegar al cielo tarde.

La mujer de mis desvelos
por fin se vino a razones
y colmando mis anhelos
al oro le dijo «nones»,
mitigando mis canguelos.

ACENTO CARTAGENERO

Hablamos siempre de acento
comparándolo con algo;
no es un invento el acento,
de la evidencia me valgo.

En las Españas usamos
de matriz el castellano
y con este comparamos
el hablar del pueblo llano.

¿Y qué es lo que pasaría
si es la matriz el canario?
Que el castellano sería
otro idioma secundario.

Dejemos de criticar
el hablar con malas artes,
ya que es idioma ejemplar
el que se habla en todas partes.

Ay, la música

Lo sé, la música es
el alimento del alma,
de la tristeza el envés,
de la tormenta la calma
y del sufrimiento el revés.

Penetra por el oído
y llega a lo más profundo,
bálsamo para el olvido
y la paz para este mundo
del que está viejo y manido.

Ahora entiendo yo el sentido
del amor tierno y profundo
que la música ha esculpido
en el lar del vagabundo
plácidamente dormido.

Música para llorar,
música para reír,
música para cantar,
para amainar el sufrir
que hace a los hombres penar.

Mi corazón cimbreante
como el tallo del bambú
por tu amor sigue expectante,
porque música eres tú
como el viento de Levante.

BAILONGOS

Va bailando la bachata
a ritmo de bandoneón,
con sus cabriolas remata
el vuelo del perdigón
y de la paloma ingrata.

Y no es que bailar no sepa,
bien distinto es lo que ocurre,
bailarín de pura cepa,
en él la vida discurre
con tintes de puro asceta.

Su sino lo tiene claro,
como el agua de la fuente
en la que halla el amparo
en su límpida corriente,
la que lamina su acharo.

Y si al cielo absorto mira
en busca de su consuelo
para no arder en la pira,
que con su innoble señuelo
toca la engañosa lira.

Parece que la encontró,
la fortuna que buscaba,
y al cielo gracias le dio
por lo bien que lo trataba
y de alegría lloró.

C'EST LA VIE

Sacar agua de un desierto
es tanto como querer
que crezca el oro en el huerto
o la gloria pretender.

Solo las cosas posibles
son factibles de alcanzar,
mas no todas son creíbles
ni intentándolas forzar.

El viento, la lluvia, el mar
son tres cosas naturales,
las tres hijas del azar
y, por ende, accidentales.

Y si de la vida hablamos
tan voluble y caprichosa,
porque si asirla intentamos,
dura menos que una rosa.

Para algunos es bastante,
para otros muy muy corta,
mas qué importa al caminante
que siempre bien se comporta.

DEMANDA

Llamaste a mi puerta un día
en demanda de cariño,
te dije que no entendía
tu llanto de blanco armiño.

Me dijiste que te amara
sin pedirte explicaciones
y que mi puerta cerrara
a escandalosas pasiones.

No te pude complacer,
tus razones no entendía,
te intenté compadecer,
aunque no te comprendía.

Te marchaste compungida,
sin despedirte siquiera,
con tu pobre alma herida
sin que yo amarte pudiera.

DRASTICIDAD

Drástica es la decisión
de abandonar la riqueza
y abrazar la bendición
de mudarse a la pobreza.

No es feliz quien mucho tiene
y libre está de la cuita,
el que mejor se sostiene
es quien poco necesita.

Que no es bueno poseer
más de lo que es necesario,
pues feliz se puede ser
con las cuentas de un rosario.

Pues con lo justo hay bastante,
se puede vivir por años,
siendo austero caminante
como hacen los ermitaños.

LA ESPINA

Con aquella negativa
tú me clavaste una espina
cuando yo a tu encuentro iba
en mi yegua mandarina.

Al bajar yo del caballo
para mi amor declararte,
aquella tarde de mayo
toda mi ilusión truncaste.

A pesar de mi insistencia
para hacer que me quisieras,
agotaste mi paciencia
sin que pesar tú sintieras.

Y aquí me tienes, rendido,
sin albergar esperanza,
con el pecho dolorida
y sin ansias de venganza.

La espina me hace sentir
el dolor del desamor
y mis ansias de plañir
en el lecho del dolor.

EGOÍSMO

Empresario, ya no pagues
más salarios de miseria;
el porqué tú ya lo sabes,
para el currante es tragedia
cual tomar malos jarabes.

Al estar todos inmersos
en el puro consumismo,
son tus haceres perversos
producto del egoísmo
en sus modos más diversos.

Para que todos consuman
tienen que tener dinero,
y si no lo tienen es
por tu actuar cicatero
y es algo que tú no ves.

Pagar no es un sacrificio,
pues al final todo irá
en tu propio beneficio,
pues tu empresa crecerá
en modo que no es ficticio.

Hazme caso, empleador,
tener gente bien pagada
es la manera mejor
de tenerla motivada
y actuando en tu favor.

EL RELOJ

Ay, si un reloj yo tuviera
que las horas no marcara,
mi vida entera yo diera
por una alegre algazara
que parangón no tuviera.

Amo la voz de las gentes
expresando su alegría
y a las personas corrientes
en hermosa algarabía
propia de humanos valientes.

Qué hay más hermoso en el mundo
que la cristiana hermandad.
Qué resulta más fecundo
que la amorosa amistad,
tenaz como el carborundo.

Y si quieres percibir
la sobrehumana valía,
vente a mi pueblo a vivir,
donde habita la alegría
y el dionisíaco existir.

Si no encuentras el camino,
porque el tiempo lo ocultó,
pregúntale al peregrino,
pues él fue quien lo trazó
para alcanzar su destino.

EL TREN Y LA VIDA

El hombre debe saber
cuál es su propio camino
y qué tren ha de coger
para encontrar su destino.

Saber qué tren abordar
cuando arribe a tu estación;
nunca lo dejes pasar,
pues no habrá más ocasión.

El tren de la vida lleva
el sino de cada cual
y todo quien no se atreva
vivirá en un secarral.

Cuántas suertes se perdieron
por dejar que el tren pasara.
Cuántos amores murieron
por dejar que el bien marchara.

EXISTIR

Abracitos de colores,
cariños de quita y pon,
espacios plenos de flores,
vestiditos de crespón
y almas repletas de amores.

Tardes de cielos azules,
mañanas de pleno sol,
donde blancos abedules
son de la vida el crisol
bien guardado en los baúles.

El verde de las palmeras
que con su fruto dulzón
a las aves volanderas
les dan hasta el corazón
y sus sombras pasajeras.

Noches de paz y sosiego
que invitan a contemplar
el límpido cielo griego
de filósofo ejemplar
y de industrioso labriego.

Y los meses, que son doce
de desigual longitud,
producen dolor o goce,
también zozobra o quietud
que no siempre se conoce.

FRAGILIDAD

Cántaro que va a la fuente
algún día se ha de romper,
llevándose la corriente
el agua que has de beber.

El amor es como el agua
que del cántaro se escapa,
es la que apaga la fragua
y empapa también tu capa.

Mi consejo es que no vayas
con tu cántaro a la fuente,
haz lo que hicieron los mayas
al beber en la corriente.

Y en el mejor de los casos,
sé consciente y no te arriesgues,
mide tú muy bien tus pasos
y con el azar no juegues.

INCAPAZ

Incapaz, soy incapaz
de saber por qué te quiero,
no soy bastante sagaz
y no pensarlo prefiero.

Vivir yo quiero en la inopia,
mientras tomo un dulce baño,
pues mi vida es una copia
del que apacienta el rebaño.

Decidir, dura tarea
la del pobre peregrino,
que enfrentado a la marea
ha de elegir el camino.

Y si la salida encuentra,
no sabe cómo seguir,
pues si en lo ignoto se adentra,
amor no podrá exigir.

INCAUTO

Tienen bastantes razones
para en los dioses creer,
los salvan de los tifones
y los suelen socorrer.

Piensan que todo depende
de las divinas deidades,
y creen que el mundo propende
a cultivar las verdades.

Son incautos cual sarmiento,
que cuando lo cortan muere,
teniendo en su pensamiento
el estoque que los hiere.

Y así la vida los trata,
entre llantos y penurias,
y al tiempo los desbarata
con sus imparables furias.

LA ADMIRACIÓN

Lo admiro por su talento,
por sus formas delicadas,
mas en algo yo disiento
y es en sus bromas pesadas.

Y aunque le sobre hermosura
para al mundo enamorar,
su persona no es tan pura
para llegarla a alabar.

Y es que no hay nada completo
en este mundo ladino,
donde reina lo imperfecto
entorpeciendo el camino.

A pesar de los pesares,
él triunfa entre tanta inquina,
tiene la gracia a millares
con la que a todos fascina.

LA EUFORIA

La euforia es solo un estado
desde el que mirar la vida
y es el hombre afortunado
el que gana la partida
al triste y mustio cuitado.

Es desde el lado optimista
desde el que mejor se ve
la estela que el fatalista
nos deja y no sé por qué
de burdo negacionista.

El eufórico se orienta
con la luz del universo
y al fatalista lo ahuyenta
con poemas verso a verso
verso que al mundo alimenta.

Qué mejores caminares
que los de un dulce poema,
que con sus bellos cantares
nos recuerda a la sirena
que está viviendo en los mares.

Y es justo significar
que la euforia no es lo mismo
que este mundo transitar
a lomos del dogmatismo
que nos hace naufragar.

La honestidad

Y no solo parecerlo,
hay que ser justo y sincero,
no está bien el estraperlo
ni engañar al buhonero.

Nunca andar pisando pies,
cada cual tenga su espacio,
nunca ser como el ciempiés
ni como anfibio batracio.

Los demás son cada uno
con deberes y derechos,
y que aquí no exista alguno
que fomente los cohechos.

Si tú sigues mis consejos,
verás que siempre es posible,
y el vuelo de los vencejos
en el cielo es predecible.

LA NO VERDAD

Quien abraza la mentira
no solo es un pecador
que arderá siempre en la pira
del escarnio y el dolor
devorado por la ira.

Su proceder nunca queda
libre de justo castigo,
suceda lo que suceda
será su propio testigo
cuando se abra la veda.

Es el mentir voluntario
y nunca por ignorancia,
su vivir es un calvario
de una espantosa importancia
y de suyo, extraordinario.

Y es a medida que miente
que se adentra en el infierno,
convirtiéndose en sufriente
del crudo y oscuro invierno
y de la inmensa corriente.

El decir la no verdad
es igual a la estulticia,
mas con una salvedad
y es la impiadosa malicia
de una mala voluntad.

LA RISA

La risa que no nos falte
por ser la que el alma alegra,
la que va de parte a parte,
la que el dolor desintegra.

Para la vida alegrar
procura siempre sonreír
y en tu corazón labrar
un sonriente porvenir.

Y no es que penas no tenga,
mas sí puedo arrumbarlas,
haciendo lo que convenga
para siempre sortearlas.

Te prevengo que no es bueno
instalarse en la tristeza
y sumergirse de pleno
en la dañina pereza.

LENGUAS

La lengua en los animales
es un miembro necesario,
como miel a los panales,
como novena al rosario.

Canaliza las salivas
en la mañana temprana,
sus papilas gustativas
son de la vida la hermana.

Pero otra lengua existe,
la que al habla se refiere,
la que como un toro embiste,
la que mata, insulta y hiere.

Hay quien la lengua utiliza
para un muro levantar
y es de la mente enfermiza
el quererse separar.

Las hay más de siete mil
habladas por los humanos,
tiñendo el mundo de añil
y separando a los hermanos.

PUREZA

Cruzan veloces el cielo
dos divinos querubines,
llevando en su rubio pelo
ramos de blancos jazmines
que hacen más tenue su vuelo.

Atemperan su volar
antes de pisar la tierra,
su objetivo es terminar
con la fratricida guerra
y su insidioso matar.

Ni el Dios que la vida alienta
puede la guerra parar,
ya que el odio la alimenta
hasta llegar a lograr
que todo el mundo disienta.

Los mentados querubines
que no saben de maldades
cruzan ignotos confines,
siguiendo velocidades
de los veloces delfines.

Lograron los querubines
o aquel Dios que los creó
que junto a los serafines
ya nadie más guerreó,
ni siquiera los marines.

RECTA VÍA

Nadie se debe apartar
de la traza del camino,
si no quiere terminar
sin futuro y sin destino.

Nunca se debe buscar
la ruta de lo imposible,
ni en la distancia marcar
lo que no será factible.

Pero si pones cuidado
en no abandonar la senda,
nunca serás censurado
ni sufrirás reprimenda.

Sé prudente y no te excedas,
haz de la noche tu día,
como un lerdo no procedas
y no dejes la recta vía.

SIN LÍMITE

Por el borde del camino,
donde circulan los hados,
vi pasar un peregrino
que huyendo de sus pecados
iba en pos de su destino.

En su lento caminar
y en su respirar cansino
posible era adivinar
que era el demonio dañino
el que le hacía pecar.

Lágrimas que lleva el viento
con presteza inusitada
hacia el fin del firmamento
donde espera la mesnada
centinela del tormento.

Hasta al más santo varón
lo persigue la maldad,
y aunque él anhele el perdón,
en el mundo la impiedad
es fiera como el león.

Y aquel que el límite busca
desconoce que no existe
y si en hallarlo se ofusca
y en su búsqueda persiste,
va derecho a la trifulca.

VALIENTE

Si yo pudiera correr
como lo hacen las gacelas,
extendería mi poder
a los bravos centinelas
que nunca suelen perder.

Quien vigila no está exento
de resultar vigilado,
ni de sufrir el tormento
de haber sido despreciado
por un odioso elemento.

Y lo que sucede cuando
al que empuja es empujado
y allá se queda esperando
a sufrir un altercado
con quien lo va despreciando.

Mas el valiente no huye,
no se esconde ante la muerte,
y al miedo lo sustituye
por algo que lo divierte
y que de su instinto fluye.

Ser valiente y no cobarde
no es fácil de soportar,
pues más temprano que tarde
algún dios lo ha de premiar
para que su reino guarde.

VOLUNTADES

Es común en los humanos,
mas no a todas las edades
se dan entre los hermanos
las últimas voluntades.

El que nace no las tiene,
ha de aprenderlas viviendo,
conocerlas le conviene
para su vida ir haciendo.

Pero a veces acontece
el que no siempre son buenas
y el hombre no las merece
por circunstancias ajenas.

Yo con las buenas me quedo,
pues conviene a mi conciencia
el zafarme del enredo
que me lleva a la inclemencia.

V. LUGARES

ALLÍ

En el país de los sueños
donde duermen los laureles,
allí lucen los isleños
sus relucientes caireles
con orgullosos empeños.

Donde el sol nunca se pone,
porque la luna lo espera,
y a alumbrarla se dispone
al amor de la chumbera
que el horizonte traspone.

Pero la luna es coqueta
y al sol esquiva orgullosa,
nunca permanece quieta,
es infiel y caprichosa
como la flor en maceta.

El sol paciente la espera
con estoico frenesí
y aunque alcanzarla quisiera,
la luna siempre está allí,
pizpireta y pinturera.

Y esta es la historia sin flores
del sol y la blanca luna,
que perdieron sus amores
sin esperanza ninguna
de conjurar sus errores.

El Edén

Dicen que existe el Edén,
mas que diga quién lo ha visto
y manifieste también
qué color tiene el flogisto
y cuánto pesa una sien.

Es propio del ignorante
aceptar toda creencia,
instándole al caminante
a no creer en la ciencia,
negándola a cada instante.

Todo tiene explicación,
aunque nadie la conozca,
ni el propio camaleón
por cómo caza a la mosca
para darse un atracón.

Al milagro se adjudica
aquello que no se sabe
y a la ciencia perjudica
el no poseer la llave
que el buen saber reivindica.

Tan fatuas disquisiciones
a ningún sitio nos llevan,
pero sí existen razones
para aquellos que se atrevan
a emprender sabias acciones.

EL JARDÍN

Un delicioso lugar
donde se entrega al descanso
la mente del menestral
en idílico remanso.

Es más bello en primavera
cuando aparecen las flores,
pues la planta más austera
muestra sus bellos colores.

En el verano mantiene
su belleza esplendorosa,
si una cosa hermosa tiene
es el olor de la rosa.

En el otoño declina,
se hace gris y mortecino,
y por la causa del clima
deviene en triste y mohíno.

En el invierno se toma
merecidas vacaciones,
cesando en su bello aroma
y en sus colores chillones.

EL MÁS ACÁ

Vieja historia que recuerda
añejos tiempos pasados,
es como un reloj sin cuerda
de tictacs acompasados.

Tiene un lugar en el alma
donde el recuerdo reposa,
es el viejo mar en calma
que convierte el verso en prosa.

Es difícil responder
aquella eterna pregunta,
porque no es fácil correr
como incierta marabunta.

En su alocado correr
el presente va corriendo,
porque no puede saber
que el futuro está durmiendo.

EL MONTE

Ni monte tan elevado
ni aquel árbol tan frondoso
libran al mar del pescado
ni a la montaña del oso.

Y es que la naturaleza
es única y creadora,
ella es pura fortaleza
y eso ya nadie lo ignora.

De sabio es reconocer
la nimiedad del humano,
él no se puede valer
sin auxilio de su hermano.

Rindámosle pleitesía
a su fuerza creadora
y a su indudable armonía
y a su mente previsora.

Y así llegamos al fin
para admitir con certeza
que este nuestro comodín
es la madre naturaleza.

El mundo

Me dicen que el mundo está
dando el último estertor
a causa de la maldá
del humano predador.

Y dicen que algunos creen
que lo que ocurre es normal,
y aunque muchos alardeen,
aquí nada es natural.

Yo no sé qué necesitan
para parar la locura
y qué mundo es el que habitan
que no ven su desmesura.

Que tierra no hay más que una
donde podamos vivir
y para nuestra fortuna
no se debe destruir.

EL SERRALLO

Detrás de la celosía
estaba la favorita
aguardando que algún día
alguien borrara su cuita.

Ella un día fue comprada
como otras concubinas,
fue en el serrallo enclaustrada
con otras bellas meninas.

Riquezas no le faltaban
ni grandes comodidades,
mas las que sí escaseaban
eran muchas libertades.

Enclaustrada en el palacio
de aquel amo poderoso,
quien con innoble prefacio
obró de modo espantoso.

FELIZ ENCUENTRO

Blandiendo mi larga espada
y a lomos de mi rocín,
al frente de mi mesnada
cabalgaba hacia el confín,
el que se pierde en la nada.

Iba dispuesto a la lucha
y a vencer a mi enemigo,
quien veloz como una trucha
se ocultaba en un quejigo
tocado con su capucha.

No lograba divisarlo,
el felón astuto era,
y para poder hallarlo
lo busqué yo hasta en la era
a lomos de mi caballo.

Seguí su busca y captura
con los mis nobles vasallos,
ungido por la ventura
de las flores en sus tallos
y la inhumana premura.

Cuando por fin yo lo hallé,
feliz me sentí al momento;
con el felón batallé,
y sin oír su lamento,
yo al cretino avasallé.

INDIO

En un indio hemos estado,
que americano no era,
allí hemos almorzado
en simulada pradera.

Con arroz de varios tipos
y salsas también diversas,
hemos terminado ahítos
cual cien sacerdotes persas.

Desde varios años ha
se ha venido repitiendo
este almuerzo de hermandá
y que siga sucediendo.

Por una o por más razones
algunos no están presentes,
bien por los virus bribones,
bien por causas diferentes.

Pidamos a quien se ocupa
de mantenernos aquí
que con su omnisciente lupa
también me mantenga a mí.

La ladera

Si sincera te he de ser,
tú fuiste mi amor primero
y no me creo merecer
que tú no me seas sincero.

Si con otra tú me engañas,
dímelo sin dilaciones,
no atosigues mis entrañas
ni trunques mis ilusiones.

Todo prefiero saberlo
sin silencios, de repente,
pues es mejor conocerlo
que sufrir eternamente.

Por favor, ¿no ves que muero?
Por tu enorme indiferencia
pájaros de mal agüero
me llevan a la demencia.

Ahora me encuentro esperando,
como hace el trigo en la era,
mi desgracia desgranando
en del monte la ladera.

LA VIÑA

Al filo de la mañana
a la viña se acercaba
con sus zahones de pana
comprados en la alcazaba.

Cantaba con voz melosa
canciones de verde luna
y con rima cadenciosa
alababa su fortuna.

Las uvas de los racimos
en vino las convertía
y lo que pronto supimos
es que el vino él se bebía.

Cuando su viña murió
a causa de mala suerte,
nadie en su entorno lloró,
pues nadie sintió su muerte.

LAS ALTURAS

Haylos que gustan medrar,
siempre estando en las alturas,
evitando el laborar
y viviendo de sinecuras.

Buscan entre los helechos
donde poder descansar,
la molicie son los hechos
de su infértil caminar.

El trabajo les produce
una terrible urticaria
y es así que se deduce
su indolencia milenaria.

Disfrutan si, de repente,
pueden asir con las manos
el bueno y dolce far niente
que adoraban los romanos.

LO QUE OCURRE

Mientras escribo estos versos,
pienso en la buena fortuna,
también en tiempos adversos
y en las fases de la luna.

Hoy que el cielo nos sonríe
de todo tenemos quejas,
haciendo que desconfíe
el pastor de sus ovejas.

Se merece quien se queja
el ser llamado mastuerzo,
porque muy atrás él deja
la cultura del esfuerzo.

Nada viene porque sí,
todo con sudor se gana,
hay que poner frenesí
al comenzar la mañana.

Y si el amor no te llega,
nunca culpes a la suerte,
porque la suerte no lleva,
sino a la ominosa muerte.

PÉRDIDAS

Noche sin luna,
día sin sol,
tarde sin fortuna
y mes sin amor.

Río sin agua,
flor sin olor,
fuego en la fragua,
pena y temor.

Guante sin mano,
ojo sin vista,
hombre inhumano
y un osco fascista.

Alma perdida,
corazón errante
y un vivo sin vida
de oscuro talante.

SE HAN IDO

Los años que ya se han ido
es cierto que nunca vuelven,
transcurren en un soplido
y a los humanos envuelven
con un ruidoso chasquido.

Y aquí estamos los vivientes
viendo otro año venir,
perdidos entre las gentes
aguardando el porvenir
y tratando de ser valientes.

Mirando hacia atrás, sin ira
queremos rememorar
el tiempo que gira y gira
para luego incinerar
al siempre malo en la pira.

Y es que mirar al presente
es lo único posible,
pues mostrarse indiferente
no hace a la vida factible,
porque va contracorriente.

Y aquí concluye este trovo
de este año que nos deja,
recordando a aquel lobo
que disfrazado de oveja
engañó al cerdito bobo.

Triana y Sevilla

En Triana paseando
me encuentro en este momento,
yo voy por la orilla andando,
mientras mi alma alimento.

No es kilómetro ni milla
lo que separa a Triana
de su vecina Sevilla
esta preciosa mañana.

A Sevilla adora el sol
que brilla cuando amanece,
el que funde en su crisol
lo que en Sevilla acontece.

Sevilla no es cualquier cosa
a la que se pueda obviar.
Sevilla es la bella rosa
imposible de olvidar.

No me canso de admirar
a la flor de las Españas.
Yo siempre a ti te he de amar,
Sevilla de mis entrañas.

VIOLÍN ETERNO

Suena un violín en la noche
sin saber quién lo acaricia,
su música es un derroche
sin dolo y sin estulticia.

Donde manda la razón
que se aparten los bribones,
los necios sin corazón
y los oscuros hampones.

Si deseas continuar
por esos rectos caminos,
debes al pobre ayudar
a perseguir sus destinos.

Y aquel que todo lo tiene
de ayuda no necesita,
sabe lo que le conviene,
pues no tiene ni una cuita.

VOLUTAS

El humo de su cigarro
lanza volutas al viento,
produciéndole un desgarro
al azul del firmamento.

Humo que acorta la vida
del incauto fumador
y es de sobra consabida
su causa de mal mayor.

El que fuma lo conoce
el dislate que comete,
dando preferencia al goce
y al tabaco se somete.

No pretendo dar consejos
solo persigo advertir
de los riesgos tan complejos
que el fumador va a sufrir.

Índice